Dr. med. Franziska Stengel
Dr. med. Sabine Ladner-Merz

Heitere Gedächtnisspiele im Großdruck

Band I

Umschlaggestaltung: Ulrike Promies

Bibliographische Information der Deutschen Bibliothek
Die Deutsche Bibliothek verzeichnet diese Publikation in der Deutschen Nationalbibliographie; detaillierte bibliographische Daten sind im Internet über <http://dnb.ddb.de> abrufbar.
Band 1 - „Heitere Gedächtnisspiele im Großdruck"
Bd. 1 - ISBN 978-3-929317-61-9

Kognitives Training nach Dr. med. Franziska Stengel®, Kognitives Training von Dr. med. Franziska Stengel®, Gedächtnistraining nach Dr. med. Franziska Stengel® und Stengel-Methode® sind eingetragene Warenzeichen des memo verlags, Stuttgart.

Die Buchreihe **„Heitere Gedächtnisspiele im Großdruck"** besteht aus **7 Ringbüchern**, die jeweils einzeln erhältlich sind.

Begleitmaterial:
CD mit allen Hörübungen zu Band 1 bis 7 (ISBN 978-3-929317-**59-6**)
App memo HGS mit allen Hörübungen
zu Band 1 bis 7 erhältlich im Apple App Store
164 Kopiervorlagen (alle Übungen Bd. 1 - 7)
im Ordner A 4-Format
(ISBN 978-3-929317-**60-2**) für die Gruppenarbeit.

© memo verlag Stuttgart 1996
Überarbeitete Neuauflage 2010, 4. Auflage 2023
Alle Rechte vorbehalten

Dieses Buch ist mit allen seinen Teilen urheberrechtlich geschützt.
Jegliches Kopieren und Bearbeiten ohne Zustimmung des Verlages ist unzulässig und strafbar. Dazu gehören u. a. Vervielfältigungen in jeder Form, Übersetzungen, Nachdruck, Entnahme von Abbildungen und Tabellen, Mikroverfilmungen oder Einspeicherung und Weiterverarbeitung in Daten verarbeitenden Medien, **ebenso die auszugsweise Verwertung** außerhalb der engen Grenzen des Urheberrechtsgesetzes.
Printed in Germany

ISBN 978-3-929317-61-9

Inhalt

Einführung	5
Kognitives Training und Gedächtnistraining - wozu?	5
Zu diesem Buch	6
Durchführung eines Kognitiven Trainings nach der Methode von Dr. med. Franziska Stengel	8
Pädagogischer Ansatz	8
Sicherstellen eines optimalen Trainingserfolges	8
Motivation zum Training	11
Förderung sozialer Kontakte	11
Allgemeine Hinweise	12
Kognitives Training und Gedächtnistraining in der ganzheitlichen, aktivierenden Pflege	13
In der stationären Pflege	13
Im Heim	15
In der ambulanten, häuslichen Pflege	15
Hinweise für das symptomorientierte Kognitive Training zur Therapie und Rehabilitation von Hirnleistungsstörungen	16
Biographisches Arbeiten mit der Stengel-Methode	17
Übersicht für das symptomorientierte Kognitive Training	18
Zum Gebrauch	23
Die Spielblätter	23
Ausführliche Spielanleitungen	25
Spieleverzeichnis nach Schwierigkeitsgrad	29
Thematisches Spieleverzeichnis	29
Verzeichnis der Übungen nach Spielarten	32
Spieleteil	
Übungen 1 - 20	31
Impressum	2

Einführung

Kognitives Training und Gedächtnistraining - wozu?

Viele Menschen glauben, dass man gegen geistige Defizite im Alter nichts tun kann. Neueste Forschungsergebnisse belegen jedoch, dass der Mensch auch im Alter lernfähig bleibt, sich geistig weiterentwickeln kann und über eine große Denkkapazität verfügt, die häufig nicht ausgeschöpft wird und die es zu nutzen gilt.

Ein spezifisches Training geistiger Funktionen kann Nervenzellen dazu anregen, neue Verzweigungen und Netzwerke zu bilden. Man kann die Aktivität des Gehirns mit der Aktivität eines Muskels vergleichen. Wird ein Muskel nicht in Anspruch genommen (wie beispielsweise in einem Gipsverband), so schwindet seine Substanz und Funktionsfähigkeit. Geistige Defizite wie Merkschwäche, zunehmende Vergesslichkeit, Wortfindungsstörungen oder nachlassende Konzentrationsfähigkeit können daher bei gesunden älteren Menschen auf mangelndes Training zurückzuführen sein. Diese können mit Hilfe eines entsprechenden Trainings ihre geistige Leistungsfähigkeit wiedergewinnen, verbessern und erhalten. Bei Menschen mit krankheitsbedingten geistigen Defiziten (z. B. nach Schlaganfall oder bei Demenz) gilt es, die vorhandenen Reserven zu stabilisieren, zu nutzen und auszubauen.

Ob zur Aktivierung oder zur Vorbeugung, Therapie oder Rehabilitation von Hirnleistungsstörungen - ein tägliches Denk- und Gedächtnistraining von 10 bis 15 Minuten stellt eine wichtige Maßnahme zur geistigen Gesunderhaltung dar.

Denn: Kognitives Training ist so wichtig wie Körpertraining!

Zu diesem Buch

Die Reihe „Heitere Gedächtnisspiele im Großdruck" wurde als Übungsmaterial für das Kognitive Training und Gedächtnistraining nach der wissenschaftlich erprobten Stengel-Methode entwickelt. Ziel des Trainings ist die Aktivierung möglichst vieler Hirnleistungen und/oder die symptomorientierte Therapie („symptomorientiertes Kognitives Training") von Hirnleistungsstörungen. Die angebotenen Übungen eignen sich als Einstieg in das Kognitive Training und Gedächtnistraining zur Erhaltung der geistigen Fitness, aber auch für das Training mit Menschen, die krankheitsbedingte geistige Defizite aufweisen (z. B. nach Schlaganfall, Patienten mit Demenz). Trainiert wird spielerisch ohne Stress und Leistungsdruck als Einzel- oder Gruppentraining oder in gesprächsbetonter Dialogform mit einzelnen Menschen.

Diese Bücher wenden sich an alle, die zielgerichtet die eigenen geistigen Fähigkeiten oder die anderer Menschen erhalten, fördern und wiedergewinnen wollen, wie z. B. Pflegekräfte und Therapeuten, aber auch Einzeltrainierende, TrainingsleiterInnen von Gruppen und pflegende Angehörige.

Untersuchungsergebnisse zeigen, dass geistige Leistungen im höheren Alter stark von den sensorischen Leistungen der Sinnesorgane abhängig sind. Um die nachlassende Empfindlichkeit und Leistungsfähigkeit ihrer Sinnesorgane auszugleichen (schlechteres Sehen und Hören), müssen ältere Menschen mehr Aufmerksamkeit und geistige Anstrengung aufwenden, um Gesehenes und Gehörtes sinnlich zu erfassen. So bleibt immer weniger Leistungskapazität für die eigentliche geistige Aktivität übrig.

Um diesen Verlust an geistiger Kapazität möglichst gering zu halten, sind die vorliegenden Übungen zum Kognitiven Training und Gedächtnistraining in so großer Schrift gedruckt, dass das Lesen des Übungstextes leicht fällt und man sich sofort auf das Wesentliche konzentrieren kann, nämlich auf den Inhalt der Übung und das Denken an sich.

Bei Hörübungen ist aus demselben Grund besonders auf eine ausreichende Lautstärke zu achten.

Wenn mehrere Menschen gemeinsam trainieren, ist darauf zu achten, dass alle Übungstexte langsam, laut und deutlich vorgelesen werden, um die akustische Wahrnehmung zu erleichtern. Die Zuhörer sollte man fragen: „Lese ich laut genug?" Oder „Können die Teilnehmer hinten auch alles verstehen, oder spreche ich zu leise?" Dies trägt dazu bei, dass das Kognitive Training auch dann mit Erfolg durchgeführt werden kann, wenn Beeinträchtigungen des Hör- oder Sehvermögens vorliegen.

Sehr wichtig ist dabei auch, dass den Teilnehmern immer genügend Zeit gelassen wird, den Text, das Bild oder die Hörübungen wahrzunehmen und zu überlegen. Erst das korrekte Erfassen einer Aufgabe und ihrer Elemente ermöglicht die geistige Auseinandersetzung und das Nachdenken über den entsprechenden Sachverhalt.

Es liegen **7 Bände** mit immer **neuen Übungen** vor mit ausführlichen Lösungen und weiterführenden Hinweisen für das Kognitive Training und die Biographiearbeit in Therapie und Pflege, aber auch für Alleintrainierende zu Hause und pflegende Angehörige.

Für die **Hörübungen** aller 7 Bände gibt es eine **CD** (ISBN 978-3-929317-**59**-6) sowie die **App memo HGS**, die im Apple App Store erhältlich ist.

164 Kopiervorlagen (alle Übungen der Bände 1 - 7) werden in einem **Ordner** im **DIN A 4** für die **Gruppenarbeit** angeboten (ISBN 978-3-929317-60-5).

Durchführung eines Kognitiven Trainings
von Dr. med. Franziska Stengel

Pädagogischer Ansatz

Die moderne Interventionsgerontologie fordert, Kognitives Training mit sinnhaftem, bedeutungshaltigem Material, also mit alltagsbezogenen Übungen durchzuführen, frei von Zeit- und Leistungsdruck.

Das wissenschaftlich überprüfte Kognitive Training von Stengel erfüllt diese Forderungen mit Hilfe des vorliegenden Materials und einer speziellen Pädagogik, die aufgrund ihres autonomiezentrierten Ansatzes für das effektive Training mit allen Altersgruppen sehr gut geeignet ist. Es werden drei Ziele verfolgt:
- Sicherstellen eines optimalen Trainingserfolges.
- Motivation zum Training unmittelbar in der Stunde und Motivation für eine länger dauernde Teilnahme am Training.
- Förderung sozialer Kontakte.

Sicherstellen eines optimalen Trainingserfolges durch:

a) **Training mit sinnhaften Übungen**, die einen Bezug zum täglichen Leben des Trainierenden haben.

b) **Training der verschiedensten Hirnfunktionen**, indem abwechselnd mit möglichst vielerlei Übungstypen gearbeitet wird. Dies gewährleistet ein breit gefächertes Training möglichst vieler Hirnleistungen und beugt einseitiger Denkarbeit vor.

c) **Förderung der Informationsverarbeitungstiefe**, indem auftretende Begriffe und Fragestellungen im Gespräch mit anderen aufgearbeitet werden. Das Hinterfragen von Bekanntem und das Überdenken von Gewohntem aktiviert und schärft das Begriffsnetz und die Wahrnehmung. Es trägt auch dazu bei, Handlungen und Dinge wieder ins Bewusstsein zu rücken und fördert die

aktive Teilnahme am Leben und die Kontaktaufnahme zur Umwelt.
d) **Spielerisches Training von Einspeicherungs-** (z. B. Unterordnung, Überordnung u. a.) und **Abrufstrategien** (z. B. Merkhilfen mit Eselsbrücken und mit Hilfe der bildhaften Vorstellung).
e) **Mehrkanaliges Üben.** Dies bedeutet, dass man möglichst oft Übungen für alle Sinne in die Trainingseinheiten einbinden sollte. Da Schreiben die Feinmotorik fördert, werden einzelne Übungen auch schriftlich bearbeitet.
f) **Unbedingtes Vermeiden von Stress und Leistungsdruck:**
   - Keine Zeitvorgaben machen, denn Zeitdruck führt zu Denkblockaden.
   - Das Spieltempo so an die Bedürfnisse der Teilnehmer anpassen, dass es weder zu Unter- noch zu Überforderung kommt.
   - Pausen einschalten. Die „Mitdenker" dürfen nicht überfordert werden. Beim ersten Zeichen einer Denkermüdung, die sich bei Ungeübten schon nach kurzer Zeit einstellen kann, ist eine Pause einzuschalten.
   - Ein spielerisches Kognitives Training in heiterer Atmosphäre soll Spaß und Freude bereiten, denn positive Emotionen wirken gegen Stress und begünstigen das Einspeichern von neuen Informationen. Dies kann erreicht werden, indem dafür gesorgt wird, dass positive Erlebnisse, Ideen und Gesprächsthemen ausführlich behandelt werden, auf negativ besetzte Themen dagegen nicht so ausführlich eingegangen wird.
   - Schul- und Quizsituationen unbedingt vermeiden.
   Es geht beim Kognitiven Training von Stengel nicht um das möglichst schnelle Finden von Lösungen, sondern um das Nachdenken, Überlegen, Betrachten verschiedener Gesichtspunkte, das Erfahren von Neuem, das Hinterfragen von Bekanntem und das Überdenken von Gewohntem. Es geht um ein gesprächsorientiertes Training und um den gegenseitigen Austausch von Ideen. Beim Gegenüber darf sich nie das

Gefühl einstellen, ausgefragt zu werden. Es geht um das partnerschaftliche, gemeinsame Erarbeiten von Lösungen, wobei sich jeder beteiligt, wie er möchte. Jeder ist also Lehrer und Lernender zugleich. Fehler im eigentlichen Sinne gibt es keine, nur eine andere Anschauung, eine andere Denkweise.
- Hilfen zur Lösung geben - so viel wie nötig, aber so wenig wie möglich.
- Gedankensperren sofort beheben. Eine Aufgabe, die nicht in kurzer Zeit gelöst werden kann, wird zurückgestellt. Eine andere Übung, die früher leicht gelöst werden konnte, kann stattdessen wiederholt oder neu bearbeitet werden.
- Erfolgserlebnisse vermitteln. Jeder wird dort abgeholt, wo er stark ist. Man beginnt also mit leichten Übungen, deren Lösung Spaß macht und keine Probleme bereitet. Wichtig ist es, immer auf das hinzuweisen, was der andere (noch) kann. Erfolgserlebnisse motivieren zum Weitermachen und stärken das Selbstbewusstsein. Sie wirken stimmungsaufhellend und stressmindernd.
- Teilnehmergemäß trainieren, indem Spielart, Übungsgegenstand, Schwierigkeitsgrad und Spieltempo an die Bedürfnisse der Teilnehmer angepasst werden. Dabei ruhig Leistung fordern, jedoch niemals überfordern, um keinen Leistungsdruck auszuüben. Die ausgewählten Übungstypen und Übungsgegenstände sollten aus der Lebenswelt der Teilnehmer entnommen sein, denn der Bezug zum täglichen Leben ist sehr wichtig.
- Kein Teilnehmer darf blamiert werden. Es darf niemals Versagensangst durch eine Abfragesituation entstehen. Jeder beteiligt sich so, wie er möchte.

Motivation zum Training während des Übens und für eine länger dauernde Teilnahme am Training durch:

a) Vermittlung von **Spaß und Freude im und am Training**. Dies geschieht durch die spielerische, stressfreie Art des Trainings.
b) **Vermittlung von Erfolgserlebnissen**, denn nichts motiviert so stark wie die positive Erfahrung, etwas zu können und zu leisten.
c) **Mut machen**.
d) **Erleben vermitteln** bedeutet, als Impulsgeber den Trainierenden zu neuen Erkenntnissen zu verhelfen, die sich durch das gemeinsame Denken ergeben.
e) **Anekdoten sammeln** heißt, alle Teilnehmer anzuregen, Interessantes und Wissenswertes zu sammeln, darüber zu berichten und andere daran teilhaben zu lassen.

Förderung sozialer Kontakte durch:

a) den besonderen pädagogischen Ansatz der Stengel-Methode, der bewusst auf das gemeinsame Erarbeiten einer Lösung, auf die **Zusammenarbeit aller** gerichtet ist. Jeder hilft jedem, man beteiligt sich so, wie man möchte, keiner darf blamiert oder bloßgestellt werden.
b) **Gruppenarbeit**. Die Arbeit in Kleingruppen fördert den sozialen Kontakt der Teilnehmer untereinander.
c) **Übungen für zu Hause.** Sie fördern das prospektive Gedächtnis und vertiefen die sozialen Kontakte, wenn der / die TrainingsleiterIn dazu anregt, sich auch außerhalb des Trainings zu treffen und in kleinen Zirkeln Übungen zu bearbeiten.

Allgemeine Hinweise

Zuerst soll auf einige, den Körper betreffende Sachverhalte hingewiesen werden, die für das Kognitive Training wichtig sind.

Achten Sie darauf, dass Sie immer genug trinken, da das Gehirn auf eine ausreichende Flüssigkeitszufuhr (bei gesunden Menschen ca. 2 bis 3 Liter täglich) angewiesen ist, um korrekt arbeiten zu können. Auch eine regelmäßige Nahrungsaufnahme kleiner, ausgewogener Mahlzeiten, die reich an Vitaminen und ungesättigten Fettsäuren sind, trägt zu einer guten Hirnfunktion bei. Ein Betthupferl, möglichst in Form von Obst oder Müsli, hilft dem Gehirn, über die „zuckerarme Zeit" des Schlafens hinwegzukommen und sich optimal zu regenerieren (zuckerhaltige Betthupferl wie z. B. Schokolade sind weniger geeignet, da hier der Zucker zu schnell aufgenommen und wieder abgebaut wird).

Wer zunehmende Vergesslichkeit bei sich oder seinen Angehörigen feststellt, sollte einen Arzt aufsuchen, um krankheitsbedingte Ursachen der Merkfähigkeitsstörung ausschließen zu können.

Vor Beginn des Trainings ist es wichtig, die Umgebung und die Trainingsbedingungen optimal zu gestalten. Hierfür empfiehlt es sich, für eine gute Beleuchtung und eine Sitzgelegenheit zu sorgen, die ein entspanntes, anatomisch korrektes Sitzen ermöglicht.

Wenn Sie allein trainieren möchten, bearbeiten Sie täglich eine Übung. Optimal ist ein tägliches Kognitives Training und Gedächtnistraining von ungefähr 10 bis 15 Minuten Dauer. Lassen Sie Ihre Gedanken schweifen. Was fällt Ihnen zu den vorgegebenen Begriffen, zu dem Thema noch ein? Diskutieren Sie mit jemandem darüber oder befragen Sie ein Lexikon. „Weitere Anregungen", auch für das „Biographische Arbeiten", finden Sie auf der Rückseite der Übungen.

Kognitives Training und Gedächtnistraining in der ganzheitlichen, aktivierenden Pflege

Gedächtnistraining und Kognitives Training wird in vielen Heimen, Altenpflegeheimen, aber auch in der ambulanten häuslichen Pflege und von pflegenden Angehörigen durchgeführt. Dies trägt der Tatsache Rechnung, dass neben einer täglichen körperlichen Mobilisierung und Aktivierung, auch eine geistige unbedingt nötig ist, um die geistigen Fähigkeiten der zu Pflegenden zu erhalten und möglicherweise sogar längerfristig zu verbessern. Da jede Abnahme der geistigen Kompetenz mit einer Zunahme an Pflegebedürftigkeit verbunden ist, können Gedächtnistraining und Kognitives Training dazu beitragen, diese möglichst lange so gering wie möglich zu halten.

In der stationären Pflege

Gedächtnistraining und Kognitives Training auf Station (in Krankenhäusern, Rehabilitationskliniken, Pflegeheimen) wird direkt am Bett des Patienten in Form eines gesprächsbetonten Dialogtrainings durchgeführt.

Es ist empfehlenswert, dass innerhalb einer Institution an einem Tag einheitlich alle dieselbe Übung bearbeiten. Dies fördert die Kommunikation der Patienten untereinander, des Pflegepersonals mit den Patienten und des Pflegepersonals untereinander. Diese „Gedächtnistrainingsaufgabe des Tages", die am „schwarzen Brett" täglich ausgehängt wird (von Kopiervorlagen leicht herzustellen) regt Patienten und Bewohner, Pflegekräfte und Besucher zum Denken und Überlegen an. Auf diese Weise entstehen Gespräche.

Gehfähigen Patienten sollte Gelegenheit gegeben werden, ein- bis mehrmals wöchentlich an einem Gruppentraining teilzunehmen, da das Training in der Gruppe zusätzlich soziale Kontakte ermöglicht und kommunikative und soziale Fähigkeiten effektiver trainiert.

Gedächtnistraining im Zimmer bzw. am Bett wird gesprächsorientiert im Rahmen von Verrichtungen des täglichen Lebens wie z. B. beim Waschen, Ankleiden, Essen richten, Spazierengehen usw. von haupt- und ehrenamtlichen Pflegekräften durchgeführt. Dabei empfiehlt es sich, nach Möglichkeit immer um dieselbe Zeit über 10 bis 15 Minuten hinweg zu trainieren.

Die Schwierigkeit bei der Durchführung eines Gedächtnistrainings am Bett liegt darin, dass es sich meist um sehr kranke Menschen handelt, die „ungeübte Denker" sind bzw. bereits mehr oder minder schwere geistige Defizite aufweisen. Man muss also mit sehr leichten Übungen behutsam beginnen. Aus der Spielesammlung in diesem Buch werden die einfachsten Übungen ausgewählt, wiederholt durchgespielt und im Gespräch erweitert. Wenn sich aus der Übung heraus ein Gespräch ergibt, sollte dieses immer Vorrang haben vor der Fortführung der Übung. Stress und jegliche schulische, dressurartige oder prüfungsähnliche Vorgehensweisen sind unbedingt zu vermeiden, da hierdurch die Chance zur geistigen Aktivierung für lange Zeit verlorengehen kann. Keinesfalls darf sich der Patient abgefragt fühlen. Das Kapitel „Pädagogischer Ansatz" S. 8 ff. gibt genauere Hinweise zu einem effektiven Training.

Es ist oftmals nicht einfach, Pflegebedürftige zu motivieren. Eine Möglichkeit hierzu bietet das Gedächtnistraining als „Wahlleistung". Dies ist ein Angebot für Patienten bzw. Heimbewohner, welches sie wahrnehmen können, aber nicht müssen. Die damit verbundene Freiwilligkeit führt dazu, dass praktisch alle am Gedächtnistrainingsprogramm des jeweiligen Trägers teilnehmen möchten. Seitens der Angehörigen ist meist eine breite Unterstützung gegeben.

Den Patienten gilt es zu verdeutlichen, dass die geistige Bewegung so wichtig ist wie die körperliche, und dass alle Körperfunktionen - so auch die geistigen -, die nicht regelmäßig in Anspruch genommen werden, nachlassen und in ihrer Funktion geschwächt werden.

Beim Training mit dementen Menschen ergibt sich häufig die Schwierigkeit, dass diese ein sehr wechselndes emotionales Verhalten zeigen. Grundsätzlich gilt, Patienten, die sich nicht beteiligen wollen, niemals unter Druck zu setzen. Wenn es einmal nicht gelingt, Interesse für das Training zu wecken, sollte man am nächsten Tag einen neuen Versuch wagen.

Für das Kognitive Training in Gruppen gibt es spezielles Übungsmaterial für Spielrunden (Franziska Stengel, Sabine Ladner-Merz: Merken - Denken - Erinnern, memo verlag, Stuttgart).

Im Heim

Da Bewohner von Heimen im allgemeinen noch gehfähig sind, empfiehlt sich hier ein Gruppentraining. Dieses wird mindestens einmal, besser mehrmals wöchentlich von einem/einer im Kognitiven Training von Stengel ausgebildeten Therapeuten/in, Pflegekraft oder KursleiterIn durchgeführt. Ergänzend kann täglich 10-15 Minuten selbständig auf dem Zimmer (Gedächtnistrainingsaufgabe des Tages) trainiert werden. Auch ein Training in Form kurzer Übungen, das mit allen Bewohnern z. B. vor dem Mittagessen oder Kaffeetrinken durchgeführt wird, ist möglich.

In der ambulanten häuslichen Pflege

Hierfür gelten die gleichen Grundsätze wie für das Gedächtnistraining und Kognitive Training auf Station.

Das **Pflegepersonal** spricht während der täglichen Verrichtungen eine Übung an. Der Patient befasst sich bis zum nächsten Besuch alleine oder zusammen mit Angehörigen mit der Frage und denkt darüber nach. Diese Aufgabe wird dann beim nächsten Besuch besprochen und zur neuen Übung übergeleitet.

Pflegende Angehörige führen Gedächtnistraining während täglicher Verrichtungen oder in freien Zeitintervallen, z. B. vor dem Kaffeetrinken oder während des Ankleidens durch.

Wichtig ist es, den älteren Menschen im Rahmen der Übungen auch einmal um Rat zu fragen („Ich beschäftige mich mit dieser Frage..., könnten Sie mir helfen? Haben Sie eine Idee, die mich weiterbringt?"). Zu Beginn ist es von Vorteil, wenn man sozusagen „unmerklich" trainiert, indem man die Aufgabe zuerst auf sich selbst bezieht. Sonst besteht die Gefahr, dass sich der andere „überfahren" fühlt und sich nicht beteiligen möchte. Auch Hörübungen (z. B. Lieder-Raten oder Tierlaute-Raten) eignen sich vorzüglich zum Einstieg. Auf der als Begleitmaterial angebotenen CD (-59-6) sind alle Hörübungen für alle 7 Bände enthalten. Diese werden wie angegeben abgespielt. Anschließend kann man über das soeben Gehörte sprechen - Interesse und Neugierde sind geweckt, man befindet sich bereits mitten im Training.

Am wichtigsten ist es, nie „dressurartig" vorzugehen, sondern immer gesprächsbetont. Auch beim Training zuhause ist eine tägliche Übungszeit von mindestens 10-15 Minuten anzustreben entsprechend der Belastbarkeit und Verfassung des zu Pflegenden, damit Freude und Spaß nicht verlorengehen.

Hinweise für das symptomorientierte Kognitive Training zur Therapie und Rehabilitation von Hirnleistungsstörungen

Mit Hilfe der Stengel-Methode wird das gesamte Spektrum des Denkens trainiert, wie z. B. Konzentration, Merkfähigkeit, Wortfindung, Formulieren, Reproduktion, Denken in Zusammenhängen, Überlegen, Entscheiden, Schlussfolgern, Vergleichen, logisches und assoziatives Denken u. a.

Die Übersicht ab Seite 18 soll einen Anhalt dafür geben, welche Übungen der vorliegenden Aufgabensammlung zum Training der jeweils genannten Hirnleistung (alphabetische Reihenfolge) besonders geeignet sind. Zusätzlich ist noch der Schwierigkeitsgrad jeder Übung (leicht und mittel) aufgeführt, um eine differenzierte Übungsauswahl entsprechend den therapeutischen Gegebenheiten und Bedürfnissen zu ermöglichen. Diese Übersicht erhebt keinen Anspruch auf Vollständigkeit. Sie ist als Hilfestellung für die differenzierte therapeutische Arbeit gedacht.

Will man symptomorientiertes Kognitives Training mit therapeutischer Zielsetzung durchführen, wird das Trainingsmaterial von Franziska Stengel benötigt (Bücher und dazugehörige Kopiervorlagen und Overheadfolien). Man sollte auch mit der Stengel-Pädagogik vertraut sein, um ein optimales Therapieergebnis zu erzielen.

An dieser Stelle sei noch auf **spezielle Zertifikatslehrgänge in Kognitivem Training und Gedächtnistraining für Therapeuten und Pflegekräfte und Seminare für Dozenten in der Erwachsenenbildung und offenen Altenhilfe, sowie verschiedene Tageskurse über „Gesprächsbetontes Kognitives Training und Gedächtnistraining / Biographisches Arbeiten" sowie „Symptomorientiertes Kognitives Training / Gedächtnistraining bei Hirnleistungsstörungen"** hingewiesen. Diese **Seminare unter ärztlicher Leitung** werden von der **Akademie für Kognitives Training nach Dr. med. Franziska Stengel** angeboten. Interessenten wenden sich an den Verlag oder an **www.kognitives-training.de**.

Biographisches Arbeiten mit der Stengel-Methode

Da hierbei assoziatives Denken und Erinnern besonders gefördert werden, ist auch der Zugang zu biographischen Ereignissen im Leben der Patienten erleichtert. Eine Kognitive Übung liefert sozusagen den „Schlüssel" zur Lebenswelt des Patienten. Die Übung dient als Werkzeug, das den Zugang zu persönlichen Erinnerungen des Patienten erleichtert. Auf diese Weise ist die Bearbeitung und Aufarbeitung unbewältigt gebliebener Lebensereignisse mittels des therapeutischen Gesprächs möglich.

Überaus wichtig ist es, immer wieder einen Bezug zum „Heute", also einen Realitätsbezug herzustellen, um die gewonnenen Erkenntnisse aus dem Lebenslauf für das jetzige Leben verfügbar zu machen.

Übersicht für das symptomorientierte Kognitive Training

Trainierte Hirnleistung	Geeignete Übungen
Assoziatives Denken und Erinnern	leicht: 1. Wortpaare / 2. Summenrätsel 3. Gegensätze / 11. Summenrätsel 14. Wortpaare / 16. Gegensätze 20. Sprichwörter ergänzen mittel: 4. Stecker / 5. Hörübung/Tierlaute-Raten / 6. Überordnung / 7. Mach's richtig / 10. Dreieck / 13. Hörübung/Lieder-Raten / 15. Stecker / 17. Doppelsinn / 19. Combi
Aufmerksamkeit a) geteilte	mittel: 5. Hörübung/Tierlaute-Raten 13. Hörübung/Lieder-Raten Anmerkung: Der/die TherapeutIn sorgt dafür, dass während der Hörübungen noch weitere Sinneskanäle mit anderen „Stör"-eindrücken konfrontiert werden.
b) gerichtete	alle Übungen
Begriffe klären	leicht: 1. Wortpaare / 3. Gegensätze 14. Wortpaare / 16. Gegensätze 20. Sprichwörter ergänzen mittel: 6. Überordnung / 7. Mach's richtig 8. Außenseiter / 10. Dreieck 12. Innenseiter / 17. Doppelsinn
Beurteilen	mittel: 8. Außenseiter / 12. Innenseiter

Trainierte Hirnleistung	Geeignete Übungen	
Denkflexibilität	mittel:	4. Stecker / 7. Mach's richtig 15. Stecker
Entscheiden	mittel:	8. Außenseiter / 12. Innenseiter
Formulieren	leicht:	20. Sprichwörter ergänzen
	mittel:	7. Mach's richtig / 9. Bildspiel / 10. Dreieck / 13. Hörübung/Lieder-Raten / 18. Bildspiel
Kombinieren	leicht:	20. Sprichwörter ergänzen
	mittel:	4. Stecker / 9. Bildspiel / 10. Dreieck / 12. Innenseiter / 15. Stecker / 18. Bildspiel / 19. Combi
Konzentration a) allgemeine	leicht:	2. Summenrätsel / 11. Summenrätsel
	mittel:	5. Hörübung/Tierlaute-Raten / 6. Überordnung / 9. Bildspiel / 10. Dreieck / 12. Innenseiter / 13. Hörübung/Lieder-Raten / 17. Doppelsinn 18. Bildspiel / 19. Combi
b) Kurzkonzentration	leicht:	1. Wortpaare / 3. Gegensätze 14. Wortpaare / 16. Gegensätze 20. Sprichwörter ergänzen
	mittel:	7. Mach's richtig
c) pendelnde Dauerkonzentration	mittel:	4. Stecker / 15. Stecker

Trainierte Hirnleistung	Geeignete Übungen	
Logisches Denken	mittel:	9. Bildspiel / 10. Dreieck 18. Bildspiel
Merkfähigkeit	mittel:	4. Stecker / 6. Überordnung 10. Dreieck / 12. Innenseiter 15. Stecker
Ordnen von Gedanken	leicht: mittel:	2. Summenrätsel / 11. Summenrätsel 4. Stecker / 8. Außenseiter 9. Bildspiel 10. Dreieck / 12. Innenseiter 15. Stecker / 18. Bildspiel
Reproduktion	leicht: mittel:	1. Wortpaare / 2. Summenrätsel 3. Gegensätze / 11. Summenrätsel 14. Wortpaare / 16. Gegensätze 20. Sprichwörter ergänzen 4. Stecker / 5. Hörübung/Tierlaute- Raten / 6. Überordnung / 7. Mach's richtig / 9. Bildspiel 13. Hörübung/Lieder-Raten / 15. Stecker / 17. Doppelsinn / 18. Bildspiel / 19. Combi
Schlussfolgern	mittel:	4. Stecker / 8. Außenseiter 9. Bildspiel 12. Innenseiter / 15. Stecker 18. Bildspiel / 19. Combi
Strukturieren	leicht: mittel:	2. Summenrätsel / 11. Summenrätsel 6. Überordnung / 8. Außenseiter

Trainierte Hirnleistung	Geeignete Übungen	
Überlegen	mittel:	4. Stecker / 6. Überordnung 9. Bildspiel / 10. Dreieck / 12. Innenseiter / 15. Stecker 18. Bildspiel / 19. Combi
Wahrnehmen a) Sehen	mittel:	9. Bildspiel /18. Bildspiel
b) Hören	mittel:	5. Hörübung/Tierlaute-Raten / 13. Hörübung/Lieder-Raten
Wiedererkennen	mittel:	4. Stecker / 5. Hörübung/Tierlaute-Raten / 7. Mach's richtig / 9. Bildspiel 12. Innenseiter / 13. Hörübung/Lieder-Raten / 15. Stecker / 18. Bildspiel
Wortfindung	leicht:	1. Wortpaare / 2. Summenrätsel 3. Gegensätze / 11. Summenrätsel 14. Wortpaare / 16. Gegensätze 20. Sprichwörter ergänzen
	mittel:	4. Stecker / 5. Hörübung/Tierlaute-Raten / 6. Überordnung / 7. Mach's richtig / 10. Dreieck / 13. Hörübung/Lieder-Raten / 15. Stecker / 17. Doppelsinn / 19. Combi

Trainierte Hirnleistung	Geeignete Übungen

Zusammen-hangsdenken	leicht: 1. Wortpaare / 3. Gegensätze
	         14. Wortpaare / 16. Gegensätze
	         20. Sprichwörter ergänzen
	mittel: 4. Stecker / 6. Überordnung
	         7. Mach's richtig / 8. Außenseiter
	         9. Bildspiel - Überlegensfrage
	         10. Dreieck / 12. Innenseiter
	         15. Stecker
	         18. Bildspiel - Überlegensfrage
	         19. Combi

Zum Gebrauch

Die Spiele zum Kognitiven Training und Gedächtnistraining wurden so hintereinander angeordnet, dass bei einer Bearbeitung in der vorgegebenen Reihenfolge automatisch möglichst viele verschiedene Hirnfunktionen trainiert werden.

Selbstverständlich ist jedoch auch eine individuelle Auswahl der Spiele entsprechend den jeweiligen Bedürfnissen möglich z. B. nach Schwierigkeitsgrad, Spielart oder Thema. Hierfür eignen sich folgende Übersichten:

- Übersicht nach Schwierigkeitsgrad S. 29
- Übersicht der einzelnen Spielarten S. 32
- Übersicht der Themen S. 29.

Für das symptomorientierte Kognitive Training zum gezielten Training bestimmter Hirnfunktionen z. B. der Wortfindung oder Konzentration sei auf die Übersicht ab S. 18 verwiesen.

Die Spielblätter

Alle Übungen sind in großer **20-Punkte-Schrift** gedruckt.

Auf jedem Spielblatt steht auf der **Vorderseite** die Übung und auf der **Rückseite** die dazugehörenden Lösungen und die weiterführenden Hinweise.

Die Spiele können mündlich oder schriftlich bearbeitet werden. Es wurde darauf geachtet, dass überall genug Platz zum Schreiben bleibt.

Die **Spielanleitungen** finden Sie in Kurzform bei der Übung, ausführlich ab S. 25.

Auf der **Rückseite jedes Spielblattes** ist der **Schwierigkeitsgrad der Übung** mit Hilfe eines Symbols „ ✤ " angegeben":

- „ ✤ " bedeutet: **leichte** Übung
- „ ✤ ✤ " bedeutet: **mittelschwere** Übung

Die Lösungen wurden möglichst ausführlich gegeben als Hilfestellung und zum Aufzeigen weiterer Zusammenhänge.

Die Trainingsziele („Trainiert werden . . .") sollen einen Überblick über die Denk- und Gedächtnisfunktionen geben, die mit der entsprechenden Aufgabe geübt werden. Dieser Überblick ist für Trainierende und TrainingsleiterInnen gleichermaßen wichtig zur Motivation und zur gezielten Übungsauswahl.

Weiterführende Anregungen bzw. Hinweise dienen der Hilfestellung zum Bearbeiten der einzelnen Übungen. Hier finden sich auch zahlreiche Anregungen, wie eine Übung gesprächsorientiert weitergeführt werden kann. Auch Hinweise zur Abwandlung der Übung („Modifikation") sind gegeben. Die Sachverhalte sollen zu Diskussionen und gegebenenfalls zum Befragen eines Lexikons anregen. „Aha-Erlebnisse" erfreuen und motivieren.

Unter der Überschrift „**Biographisches Arbeiten**" finden sich Fragen, die sich als Einstieg eignen. Sie sind als Anregung für eigene Fragen zu verstehen, die sich aus dem Gesprächsverlauf ergeben.

Ausführliche Spielanleitungen

Außenseiter (Spiel 8) - *mündlich oder schriftlich* -
Das Motto dieser Spielart ist „Hirntraining im Schlussfolgern".
　Aus einer Gruppe von vier Begriffen ist derjenige gesucht, der nicht in die Gruppe hineinpasst. Die anderen drei Begriffe besitzen einen gemeinsamen Oberbegriff.
Beispiel:　*Vier Bäume - einer ist kein Laubbaum:*
　　　　　　Erle - Ulme - Lärche - Linde (**Lärche**)

Bildspiel (Spiel 9 und 18) - *mündlich* -
Schauen lernen, benennen und überlegen sind die Hauptziele dieser Spielart. Bei den ausgewählten Bildspielen wurden Bild und Überlegensfrage kombiniert. Die genauen Spielanleitungen finden sich bei den einzelnen Spielen.

Combi (Spiel 19) - *schriftlich* -
Die gesuchten Ein-Wort-Antworten beginnen alle mit demselben Buchstaben.

Doppelsinn (Spiel 17) - *mündlich* -
Mit dieser Spielart wird ein Wort für mehrere umschriebene Begriffe gesucht.
Beispiel:　*Oberflächlich reparieren*
　　　　　　und vorbei das Auto führen : ? (***überholen***)

Dreieck (Spiel 10) - *mündlich oder schriftlich* -
Mit dieser Formulierungsübung soll klargestellt werden, in welchem Verhältnis drei Begriffe zueinander stehen.
　Gegeben sind drei freie Begriffe. Die Verbindung, in der diese Begriffe stehen, soll erfasst, in eine Ordnung gebracht und artikuliert werden.

Beispiel: Vorgegebene Begriffe: Hefe - Teig - locker
Formulierter Satz:
*Um den **Teig locker** zu machen, verwendet man häufig **Hefe** als Gärmittel.*

Gegensätze (Spiel 3 und 16) - *mündlich oder schriftlich -*
Bei dieser Spielart geht es darum, Begriffe zu klären und ihre Bedeutung und ihre Beziehung zu anderen Wörtern zu verstehen.
Zu einem vorgegebenen Wort wird der Gegensatz gesucht.
*Beispiel: kalt - **warm**, dick - **dünn***

Hörübungen (5. Tierlaute-Raten und 13. Lieder-Raten)
- *mündlich oder schriftlich -*
Bei den Hörübungen ist besonders die akustische Wahrnehmung gefragt. Daher muss auf ausreichende Lautstärke geachtet werden, damit alle ohne Mühe an der Übung teilnehmen können.

Innenseiter (Spiel 12) - *mündlich -*
Vier verschiedene Begriffe, die ganz unterschiedlichen Gebieten angehören, werden aufgezählt. Einem wird ein Merkmal zugeordnet. Dieser Begriff wird gesucht.
Beispiel: Schlüsselring - Abschluss -
Reißverschluss - Violinschlüssel.
Mit einem davon kann man etwas verschließen.
*(**Reißverschluss**)*

Mach's richtig! (Spiel 7) - *mündlich, schriftlich -*
Dieser Spieltyp soll das „Sich-Lösen" von fixen Assoziationen trainieren. Die vorgegebenen „falschen" Sprichwörter und Redensarten werden vorgelesen. Die Mitspieler berichtigen diese auf ein Zeichen des/der Trainers/In durch Zuruf. Es sollte betont werden, wie wichtig das Warten auf ein Zeichen ist, da sonst langsamere Teilnehmer am Denken gehindert werden.

*Beispiel: Wie lauten folgende Sprichwörter
und Redensarten richtig?
Spare mit der Not, dann hast du's mit der Zeit.
(Spare in der Zeit, dann hast du's in der Not.)*

Sprichwörter und Redensarten (Spiel 20)
- *mündlich oder schriftlich* -
Der erste Teil eines Sprichwortes wird vorgegeben. Der zweite Teil soll ergänzt werden.
*Beispiel: Früh übt sich . . . **(was ein Meister werden will)***

Stecker (Spiel 4 und 15) - *mündlich* -
Eine Person oder Sache, bisweilen auch ein Geschehnis, wird gesucht, indem man mehrere Hinweise gibt, die verschiedene Facetten des Gesuchten beleuchten. Der erste Hinweis weist bereits eindeutig auf das Gesuchte hin. Durch die weiteren Hinweise wird die Lösung immer deutlicher.

Die einzelnen Hinweise sollen deutlich artikuliert und langsam vorgelesen werden. Nach jedem muss eine kurze Pause einsetzen, solange, bis ein Zeichen der Mitspielenden das Weitergehen verlangt. Glaubt einer der Spielenden, die Lösung gefunden zu haben, möge er sie aufschreiben, keinesfalls aber hinausrufen, da sonst ein Leistungsdruck entsteht, der unter allen Umständen vermieden werden muss. Auch würden alle anderen Mitspielenden am weiteren Nachdenken gehindert. Zwischenfragen seitens der Spieler, die bei anderen Übungen durchaus möglich oder sogar berechtigt sein mögen, sind hier nicht erlaubt, da auch diese den Gedankengang, die pendelnde Dauerkonzentration der Mitspieler beeinträchtigen können.

Summenrätsel (Spiel 2 und 11) - *mündlich oder schriftlich* -
Bei dieser Spielart werden möglichst viele Begriffe gesucht, die eine vorgegebene Bedingung erfüllen.

Beispiel: Welche bekannten deutschen Volkslieder kennen Sie?
*(**Weißt du, wieviel Sternlein stehen . . .***
Alle Vögel sind schon da . . .
***Wem Gott will rechte Gunst erweisen . . .**)*

Überlegensfragen (Spiel 9 und 18) - *mündlich* -
Bei dieser Spielart geht es nicht so sehr darum, dass die Antwort gewusst wird. Wesentlich ist, dass man gespannt war und etwas Neues erfahren hat. Zusammenhänge oder Verbindungen zwischen mehreren Wissensgebieten sollen hergestellt werden. Eine Diskussion oder eine Erweiterung der Fragestellung im Gespräch ist erwünscht und anzustreben.

Überordnung (Spiel 6) - *mündlich oder schriftlich* -
Dieser Spieltyp dient dazu, das Denken zu ordnen. Begriffe werden geklärt und Zusammenhänge erkennbar gemacht, indem vorgegebene Begriffe unter dem Strukturmerkmal eines Oberbegriffes zusammengefasst werden..
    Begriffe werden vorgegeben. Gesucht ist der engste gemeinsame Oberbegriff.
Beispiel: Hafer - Roggen - Weizen - Gerste sind ?
    *(**Heimisches Getreide**. Der Begriff „Getreide" allein wäre nicht genau genug, denn es wird ja der engste gemeinsame Oberbegriff gesucht)*

Wortpaare (Spiel 1 und 14) - *mündlich oder schriftlich* -
In der deutschen Sprache gibt es eine große Zahl von Wortpaaren, die noch aus der Zeit der Stabreime stammen (z. B. Kind und Kegel). Man gibt das erste Wort an und der zweite Teil des vorgegebenen Wortpaares soll ergänzt werden.
Beispiel: Ohne Rast und ? **(Ruh')**

Spiele nach Schwierigkeitsgrad

Spielart	Übung
Leicht:	
Gegensätze	3, 16
Sprichwörter und Redensarten	20
Summenrätsel	2, 11
Wortpaare	1, 14
Mittelschwer:	
Außenseiter	8
Bildspiel	9, 18
Combi	19
Doppelsinn	17
Dreieck	10
Hörübung	5, 13
Innenseiter	12
Mach's richtig!	7
Stecker	4, 15
Überordnung	6

Thematisches Spieleverzeichnis

1. **Entdecken - Erfinden - Technik**
   Fahrzeuge: 6. c) Überordnung

2. **Feste - Religion - Zeit**
   Sommer: 19. Combi

3. **Fünf Sinne - Musik und Kunst**
   Farben: 2. Summenrätsel

Komponistenfamilie Strauß: 17. Doppelsinn
Volkslieder: 13. Hörübung/Lieder-Raten

4. Kleidung - Mode - Sitten
Reißverschluss: 12. b) Innenseiter

5. Küche
Essbare Blätter: 11. Summenrätsel
Hefe als Gärmittel: 10. a) Dreieck
Lebensmittel: 6. d) Überordnung
Salz: 19. Combi
Zucker: 15. Stecker

6. Länder - Städte - Völker
Mittelmeerländer: 8. b) Außenseiter

7. Landschaft - Natur - Kosmos
Stein: 19. Combi

8. Märchen
Dornröschen: 4. Stecker

9. Pflanzen
Heimisches Getreide: 6. b) Überordnung
Laubbäume: 8. a) Außenseiter

10. Spiel - Sport
Marionettentheater: 10. b) Dreieck
Ballspiel: 12. a) Innenseiter

11. Tiere
Eichhörnchen: 9. Bildspiel - Überlegensfrage
Haustiere: 6. a) Überordnung
Igel: 18. Bildspiel - Überlegensfrage
Tiere auf dem Bauernhof: 5. Hörübung/Tierlaute-Raten
Vogel Strauß: 17. Doppelsinn

Spiele
Übungen 1–20

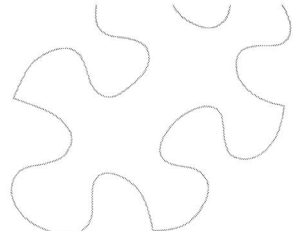

Verzeichnis der Übungen nach Spielarten

Spielart	**Übung**
Außenseiter	8
Bildspiel	9, 18
Combi	19
Doppelsinn	17
Dreieck	10
Gegensätze	3, 16
Hörübungen auf CD (Begleitmaterial -59-6)	5, 13
Innenseiter	12
Mach's richtig!	7
Sprichwörter ergänzen	20
Stecker	4, 15
Summenrätsel	2, 11
Überlegensfragen	9, 18
Überordnung	6
Wortpaare	1, 14

 **Heitere Gedächtnisspiele**

1. Wortpaare

Wie lautet jeweils der zweite Teil des vorgegebenen Wortpaares:

*Beispiel: In Wind und ? (**Wetter**)*

    a) **Mit Rat und ?**

    b) **Mit Kind und ?**

    c) **Land und ?**

    d) **Hopfen und ?**

    e) **Mit Sack und ?**

    f) **Blitz und ?**

    g) **Mit Pauken und ?**

    h) **Außer Rand und ?**

Schwierigkeitsgrad:

Lösungen:

a) Tat   b) Kegel   c) Leute   d) Malz
e) Pack   f) Donner   g) Trompeten   h) Band

Trainiert werden:

- Assoziatives Erinnern
- Begriffsbeziehungen klären
- Kurzkonzentration
- Reproduktion
- Wortfindung
- Zusammenhangsdenken

Weiterführende Anregungen:
Worauf beziehen sich die einzelnen Redewendungen?
Was bedeuten sie?

b): *„Kegel" ist ein veralteter Ausdruck für „uneheliches Kind". Es bedeutet „mit der ganzen Familie".*
d): *Wenn der Brauvorgang des Bieres missglückt, sind „Hopfen und Malz" verloren. Alle Mühe ist umsonst.*
e): *Mit dem gesamten Eigentum, mit allem, was man besitzt.*
g): *Hoffnungslos; ganz und gar; mit großen Ehren.*
  In welchen Verbindungen wird g) benutzt? Z. B. mit Pauken und Trompeten verloren; durch das Examen gefallen; begrüßt usw..
h): *Diese Redewendung bezog sich ursprünglich auf Dinge, die in Fässern mit Fassrand und eisernen Bändern gelagert wurden.*
  Sie bedeutet ausgelassen und übermütig.

Biographisches Arbeiten:
Welche persönlichen Erinnerungen steigen in Ihnen auf, wenn Sie bestimmte Redewendungen hören (z. B. bei „mit Sack und Pack")?

 **Heitere Gedächtnisspiele**

2. Summenrätsel

Es werden möglichst viele Begriffe unter der angegebenen Bedingung gesucht.

Welche Farben kennen Sie?

Lösungen: Rot, . . .

Schwierigkeitsgrad:

Lösungen:
Blau, Grün, Gelb, Pink, Türkis, Ocker, Violett, Purpur, Himmelblau, Zitronengelb, Schweinchenrosa . . .

Trainiert werden:
- Assoziatives Denken
- Konzentration
- Ordnen von Gedanken und Einfällen
- Reproduktion
- Strukturieren
- Wortfindung

Weiterführende Anregungen:
Welche poetischen Farbbezeichnungen kennen Sie?
Himmelblau, Meerblau, Zitronengelb, Blutrot, Schneeweiß, ...
Wie sieht Pink (Türkis, Purpur, Violett, Dottergelb . . .) aus?
Wie entstehen die verschiedenen Farben?
Farbige Körper absorbieren und / oder reflektieren Licht bestimmter Wellenlänge, was dann den Farbeindruck hervorruft.
Warum sind „Schwarz" und „Weiß" eigentlich keine Farben?
Ein schwarzer Gegenstand absorbiert das gesamte Spektrum des Sonnenlichts, ein weißer Gegenstand reflektiert das gesamte Spektrum.
Welche Farben finden sich in einem Regenbogen und in welcher Reihenfolge? *Rot-orange-gelb-grün-blau-violett (außen → innen)*
Man kann farbige Dinge mitbringen und die Farben benennen und beschreiben lassen.

Biographisches Arbeiten:
Welches ist Ihre Lieblingsfarbe?
Welche Farben bevorzugen Sie für Ihre Kleidung bzw. als Wand- und Stofffarbe?

© memo verlag, Stuttgart

Heitere Gedächtnisspiele

3. Gegensätze

Wie lauten jeweils die passenden Gegensätze zu

Beispiel: *leicht ? **(schwer)***

kurz ?

laut ?

heiß ?

nass ?

spitz ?

offen ?

lebhaft ?

glatt ?

Schwierigkeitsgrad:

Lösungen:

lang	leise	kalt	trocken
stumpf	geschlossen/verschlossen/zu	träge	rau

Trainiert werden:
- Assoziatives Denken
- Begriffe klären
- Begriffsbeziehungen aufzeigen
- Kurzkonzentration
- Reproduktion
- Vorstellungsvermögen
- Wortfindung
- Zusammenhangsdenken

Weiterführende Anregungen:
Welche Gegensätze wurden soeben genannt?
Welcher Gegenstand hier im Zimmer ist lang, trocken, stumpf, geschlossen usw.?
Zur Erleichterung der Begriffsbildung können Gegenstände mit den entsprechenden Eigenschaften (spitze Gabel, stumpfes Stück Holz ...) betrachtet und befühlt werden.
Was ist der Unterschied zwischen geschlossen, verschlossen und zu?
In welchen Redewendungen kommen die genannten Gegensätze vor?
Z. B. *„kurz"*: *„kurz und gut"* oder *„lang"*: *„je länger, je lieber"* usw.
Welche weiteren Gegensätze fallen Ihnen ein?

Biographisches Arbeiten:
Welches ist der offenste (lebhafteste) Mensch, den Sie kennen?

 **Heitere Gedächtnisspiele**

4. Stecker

Eine Person oder Sache wird gesucht. Die gegebenen Hinweise deuten immer gezielter auf das Gesuchte hin.

Wer oder was ist gemeint?

**Gesucht wird eine Prinzessin,
die samt ihrer Umgebung
so lange schläft,
bis ein Kuss sie aufweckt.**

Lösung ?

Schwierigkeitsgrad:

Lösung: Dornröschen.

Trainiert werden:
- Assoziatives Erinnern
- Kombinieren
- Lösen von Fehldenken und fixen, festgefahrenen Gedankenverbindungen (Denkflexibilität)
- Merkfähigkeit
- Pendelnde Dauerkonzentration
- Ordnen von Gedanken
- Reproduktion
- Schlussfolgern
- Überlegen
- Wiedererkennen
- Wortfindung
- Zusammenhangsdenken

Weiterführende Hinweise:
Der Stecker sollte deutlich artikuliert und langsam vorgelesen werden. Nach jedem Hinweis setzt eine nicht zu lange Pause ein, bis der/die Trainierende das Fortfahren verlangt beispielsweise durch Nicken oder andere nonverbale Zeichen. Unter keinen Umständen darf die Lösung laut herausgerufen werden, da sonst die übrigen Teilnehmer nicht mehr zum Nachdenken kommen und ein Leistungsdruck entsteht, der unbedingt vermieden werden muss.
Wie kam es dazu, dass Dornröschen schlief?
Wer weckt sie und nach welcher Zeit?
In der Runde wird das Märchen grob skizziert. Auf Wunsch kann das Märchen auch einmal außerhalb des Trainings vorgelesen werden.
Gerne kann man das bekannte Dornröschenlied gemeinsam singen.

Biographisches Arbeiten:
Welches war/ist Ihr „Lieblingsmärchen"?
Welches Märchen möchten Sie gerne wieder hören/lesen?

Heitere Gedächtnisspiele

5. Hörübung / Tierlaute-Raten

Hörübung auf der CD zu „Heitere Gedächtnisspiele im Großdruck"
(Begleitmaterial: ISBN 978-3-929317-**59**-6)

Welche Tiere, die auf dem Bauernhof leben, sind zu hören?

Tier 1 ?

Tier 2 ?

Tier 3 ?

Tier 4 ?

Tier 5 ?

Tier 6 ?

© memo verlag, Stuttgart

Schwierigkeitsgrad:

Lösungen:

Tier 1: Kuh Tier 4: Hühner
Tier 2: Kalb Tier 5: Hahn
Tier 3: Hund Tier 6: Pferd

Trainiert werden:
- Akustisches Wahrnehmen
- Assoziatives Erinnern
- Formulieren
- Konzentration
- Reproduktion
- Vorstellungsvermögen
- Wiedererkennen
- Wortfindung

Weiterführende Anregungen:
Mit welchen Begriffen bezeichnet man die gehörten Tierlaute?
Bellen, muhen, wiehern...
Was ist bei der Kuh noch zusätzlich zu hören? *Das Halsgeläut.*
Welcher Hund könnte hier wohl bellen?
Wie viele Hühner hören Sie?
Welche Redewendungen mit einem Hahn kennen Sie?
Welche Märchen mit den genannten Tieren kennen Sie?

Biographisches Arbeiten:
Welches der genannten Tiere besitzen bzw. besaßen Sie?
Welches Haustier hätten Sie heute gerne und warum?

© memo verlag, Stuttgart

 **Heitere Gedächtnisspiele**

6. Überordnung
Wie lautet der engste gemeinsame Oberbegriff?

a) Hund - Katze - Schwein - Hahn
Lösung ?

b) Hafer - Roggen - Weizen - Gerste
Lösung ?

c) Schiff - Auto - Flugzeug - Fahrrad
Lösung ?

d) Butter - Brot - Milch - Eier
Lösung ?

© memo verlag, Stuttgart

Schwierigkeitsgrad: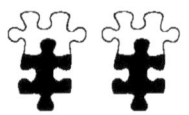

Lösungen:
a) Haustiere
b) Heimisches Getreide
c) Fahrzeuge
d) Lebensmittel

Trainiert werden:
- Assoziatives Denken
- Begriffe und Begriffsbeziehungen klären
- Konzentration
- Merkfähigkeit
- Reproduktion
- Strukturieren
- Systemisieren
- Überlegen
- Wortfindung
- Zusammenhangsdenken

Weiterführende Anregungen:
Zur Wiederholung gibt man die gefundenen Sammelbegriffe vor und sucht die darunter fallenden Begriffe (Aufgabentyp „Unterordnung"). Z. B. Welche Haustiere / heimischen Getreide / Fahrzeuge / Lebensmittel waren genannt worden?
Welche kennen Sie noch?
Was sind Haustiere?
Tiere, die aufgrund ihrer Nützlichkeit oder des Vergnügens wegen vom Menschen gezüchtet werden.
Welche modernen Haustiere kennen Sie?
Z. B. Wellensittich usw.
Welche Getreide sind nicht bei uns heimisch?
Z. B. Reis, Quinoia . . .
Was sind „Grundnahrungsmittel"?

Biographisches Arbeiten:
Mit welchen Fahrzeugen sind Sie schon einmal gefahren?

© memo verlag, Stuttgart

 **Heitere Gedächtnisspiele**

7. Mach's richtig!

Wie lauten folgende Sprichwörter und Redensarten richtig?

a) **Scheue recht und tue nie 'was.**

   Lösung ?

b) **Spare mit der Not, dann hast du's mit der Zeit.**

   Lösung ?

c) **Was du morgen kannst besorgen, das verschiebe nicht auf heute.**

   Lösung ?

Schwierigkeitsgrad:

Lösungen:
a) Tue recht und scheue niemand.
b) Spare in der Zeit, dann hast du's in der Not.
c) Was du heute kannst besorgen, das verschiebe nicht auf morgen.

Trainiert werden:
- Assoziatives Erinnern
- Begriffe klären
- Denkflexibilität
- Formulieren
- Kurzkonzentration
- Reproduktion
- Wiedererkennen
- Wortfindung
- Zusammenhangsdenken

Weiterführende Anregungen:
Was bedeuten die einzelnen Sprichwörter?
Warum ist es ratsam, sich nach diesen Ratschlägen zu richten?
Welche weiteren Sprichwörter und Redensarten fallen Ihnen ein?

Biographisches Arbeiten:
In welcher Situation hat Ihnen „in der Zeit Gespartes" weitergeholfen? In welcher Situation waren Sie froh, eine Sache sofort erledigt und nicht auf später verschoben zu haben?
Welche Sprichwörter und Redensarten benutzen Sie persönlich?
Welche bestimmten gebräuchlichen Sprichwörter und Redensarten gab es bei Ihnen zu Hause?

© memo verlag, Stuttgart

 **Heitere Gedächtnisspiele**

8. Außenseiter

Vier Begriffe sind durch einen gemeinsamen Oberbegriff oder Sammelnamen verbunden. Ein Begriff passt nicht zu den anderen dreien - welcher?

a) **Vier Bäume - einer ist kein Laubbaum:**

   Erle - Ulme - Lärche - Linde

   Lösung ?

b) **Vier südeuropäische Länder - eines liegt nicht am Mittelmeer:**

   Italien - Spanien - Portugal - Griechenland

   Lösung ?

© memo verlag, Stuttgart

Schwierigkeitsgrad:

Lösungen:
a) Die Lärche ist ein Nadelbaum.
b) Portugal liegt am Atlantischen Ozean.

Trainiert werden:
- Begriffe und Begriffsbeziehungen klären
- Beurteilen
- Entscheiden
- Ordnen von Gedanken
- Schlussfolgern
- Strukturieren
- Systemisieren
- Zusammenhangsdenken

Weiterführende Anregungen:
Welche Bäume / Länder waren genannt worden?
Wie sehen die einzelnen Bäume und ihre Blätter genau aus?
Hilfreich ist es, wenn man Abbildungen der einzelnen Bäume zeigt.
Was ist das Besondere an der Lärche?
Sie verliert im Herbst ihre Nadeln, so wie die Laubbäume ihr Laub abwerfen.
Welche weiteren Laubbaumarten kennen Sie?
Welche weiteren südeuropäische Länder kennen Sie?

Biographisches Arbeiten:
Welche der genannten Bäume wachsen in Ihrer Nachbarschaft?
Welche Bäume sehen Sie, wenn Sie spazierengehen?
In welchem südeuropäischen Land waren Sie schon einmal?
Welches Land gefällt Ihnen am besten und warum?

© memo verlag, Stuttgart

 **Heitere Gedächtnisspiele**

9. Bildspiel - Überlegensfrage

Wozu gebraucht das Eichhörnchen seinen langen, buschigen Schwanz?

Schwierigkeitsgrad:

Lösungen:
Als Steuergerät beim Sprung von Baum zu Baum.

Trainiert werden:
- Formulieren
- Kombinieren
- Konzentration
- Logisches Denken
- Ordnen von Gedanken
- Reproduktion
- Schlussfolgern
- Überlegen
- Visuelles Wahrnehmen
- Wiedererkennen
- Zusammenhangsdenken

Weiterführende Hinweise:
Bei dieser Aufgabe kommt es darauf an, die Neugierde zu wecken und Aha-Erlebnisse zu vermitteln („Aha - so ist das!").
Betrachten Sie zunächst die Abbildung genau. Was ist darauf zu sehen? Womit ist das Eichhörnchen beschäftigt? Was frisst es hier genau? *Es hält einen Tannenzapfen in den Pfoten und knabbert die Zapfenschuppen ab, um an die auf den Schuppen liegenden Samen des Tannenzapfens zu gelangen.* Zur Demonstration kann man einen im Wald gefundenen unversehrten und einen angeknabberten Zapfen zeigen. Wovon ernährt sich ein Eichhörnchen noch? *Z. B. von Nüssen.* Hält ein Eichhörnchen Winterschlaf? *Nein, es hält Winterruhe.* Worin liegt der Unterschied zwischen Winterschlaf und Winterruhe? *Winterschläfer schlafen durch, Winterruher wachen zwischendurch auf und fressen.* Wie nennt man das Nest des Eichhörnchens? *Kobel.* Was passiert mit den vom Eichhörnchen vergessenen Samen? *Diese keimen und ein junger Baum oder Strauch wächst an der entsprechenden Stelle (Mischwaldentstehung).*
Wann und wo haben Sie das letzte Mal ein Eichhörnchen gesehen?

 **Heitere Gedächtnisspiele**

10. Dreieck

Gegeben sind drei Begriffe, die in einem sinnvollen Satz zusammengefasst werden sollen.

Beispiel: Allee - Kinder - Kastanien
 *In der **Allee** sammeln die **Kinder** im Herbst **Kastanien** auf.*

a) Hefe - Teig - locker

Satz ?

b) Marionettentheater - Puppen - Fäden

Satz ?

Schwierigkeitsgrad: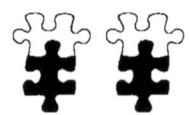

Lösungsbeispiele:
a) Um den Teig locker zu machen, verwendet man häufig Hefe als Gärmittel.
b) Im Marionettentheater werden die Puppen mit Hilfe von Fäden bewegt.

Trainiert werden:
- Assoziatives Denken
- Begriffsbeziehungen klären
- Formulierung
- Kombinieren
- Konzentration
- Logisches Denken
- Merkfähigkeit
- Ordnen von Gedanken
- Überlegen
- Wortfindung
- Zusammenhangsdenken

Weiterführende Anregungen:
Was ist Hefe?
Ein Pilz, der ohne Luftsauerstoff Kohlenhydrate zum Energiegewinn abbauen kann („Gärung").
Warum macht Hefe den Teig locker?
Jedem Hefeteig wird Zucker zugesetzt, der von der Hefe in CO_2 und Äthanol umgewandelt wird. Das entstehende Kohlendioxidgas lockert den Teig auf, der Alkohol wird entweder weiter abgebaut oder verdunstet beim Backen.

Biographisches Arbeiten:
Zu welchem Anlass haben Sie zuletzt welches Hefegebäck gegessen?

 **Heitere Gedächtnisspiele**

11. Summenrätsel

Es werden möglichst viele Begriffe unter der angegebenen Bedingung gesucht.

Von welchen Pflanzen werden in der Küche die Blätter verwendet?

Lösungen: Kopfsalat, . . .

Schwierigkeitsgrad:

Lösungen:
Ackersalat, Artischocke, Brennessel, Chicoree, Eissalat, Endiviensalat, Kresse, Lattich, Lorbeer, Majoran, Pfefferminze, Rosenkohl (die Knospen bestehen aus Blättern, sind also nicht die Pflanzenblüten), Rosmarin, Schnittlauch, Thymian, Weißkohl, Wirsing, Zwiebeln . . .

Trainiert werden:
- Assoziatives Denken
- Konzentration
- Ordnen von Gedanken und Einfällen
- Reproduktion
- Strukturieren
- Wortfindung

Weiterführende Anregungen:
Wie sehen die genannten Pflanzen genau aus?
Wofür werden Sie verwendet (für Salat, als Tee, als Gewürz, für Gemüse usw.)?
Wie nennt man Ackersalat noch?
Feldsalat, Rapunzelsalat, Mausöhrchensalat, Nüsslisalat usw.
Woher kommt die Bezeichnung „Rapunzelsalat"?
Aus dem gleichnamigen Märchen, in dem die schwangere Mutter Rapunzel gegen den Salat der Hexe tauschen muss (Märchen kurz skizzieren lassen).
Bei der Wiederholung kann man die genannten Pflanzen nach Oberbegriffen ordnen: Salat, Gewürze, Gemüse, roh bzw. gekocht gegessen usw. Als Übung für zu Hause kann man zu jedem Buchstaben des Alphabets Blätterpflanzen für die Küche suchen lassen.

Biographisches Arbeiten:
Welche Blätter essen Sie am liebsten und wie zubereitet?

Heitere Gedächtnisspiele

12. Innenseiter

Gegeben sind vier unterschiedliche Begriffe. Auf welchen Begriff passt die gegebene Umschreibung?

Beispiel: Uhr / Pfau / Waage / Ring
  *Eines davon hat Augen. (**Pfau**)*

a) Windspiel / Ballspiel / Wortspiel / Mienenspiel
   Eines davon kann man spielen.
   Lösung ?

b) Schlüsselring / Abschluss / Reißverschluss / Violinschlüssel
   Mit einem davon kann man etwas verschließen.
   Lösung ?

© memo verlag, Stuttgart

Schwierigkeitsgrad:

Lösungen:
a) Ballspiel   b) Reißverschluss

Trainiert werden:
- Begriffe klären
- Beurteilen
- Entscheiden
- Kombinieren
- Konzentration
- Merkfähigkeit
- Ordnen von Gedanken
- Schlussfolgern
- Überlegen
- Wiedererkennen
- Zusammenhangsdenken

Weiterführende Hinweise:
Alle genannten Begriffe sollten geklärt werden ggf. auch mit Hilfe eines Wörterbuchs oder Lexikons.
Was ist ein Windspiel? *Eine Hunderasse (ggf. Bild zeigen) und vom Wind bewegte klingende Ziergehänge.*
Was ist ein Wortspiel? *Ein sprachliches Stilmittel, das vom eigentlichen Textausdruck abweicht, wie z. B. Metapher (Wüstenschiff für Kamel), Euphemismus (Beschönigung, z. B. Rubensfigur statt Übergewicht), Pleonasmus (gleiche Bedeutung mehrfach in einer Wortgruppe, z. B. hörbare Musik, großer Riese) usw.*
Was ist ein Mienenspiel? *Mimik, sichtbare Gesichtsbewegungen.*
Welche verschiedenen Ballsportarten kennen Sie?
Welche weiteren Vorrichtungen, mit denen man etwas verschließen kann, gibt es (z. B. Knöpfe, Schlösser, Hebelvorrichtungen)?

Biographisches Arbeiten:
Welche Ballspiele haben Sie schon einmal gespielt?

 **Heitere Gedächtnisspiele**

13. Hörübung / Lieder-Raten

Hörübung auf der CD zu „Heitere Gedächtnisspiele im Großdruck"
(Begleitmaterial: ISBN 978-3-929317-**59**-6)

Wie lauten die Titel der Lieder, die Sie nun hören?

Lied 1 ?

Lied 2 ?

Lied 3 ?

Lied 4 ?

Lied 5 ?

Schwierigkeitsgrad:

Lösungen:
Lied 1: Der Mai ist gekommen
Lied 2: Muss i denn zum Städtele hinaus
Lied 3: Sah ein Knab' ein Röslein stehn
Lied 4: Üb immer Treu und Redlichkeit
Lied 5: Weißt du, wieviel Sternlein stehen

Trainiert werden:
- Akustisches Wahrnehmen
- Assoziatives Erinnern
- Formulieren
- Konzentration
- Reproduktion
- Vorstellungsvermögen
- Wiedererkennen
- Wortfindung

Weiterführende Anregungen:
Wie lautet jeweils die erste Strophe der Lieder?
(Siehe auch „Merken- Denken - Erinnern 1".)
Wie lauten weitere Strophen?
Auch das Mit- und Weitersingen macht vielen Menschen Freude.

Biographisches Arbeiten:
Welche Erinnerungen steigen in Ihnen auf, wenn Sie diese Lieder hören?
Welche Lieder wurden früher im Kreise Ihrer Familie gesungen?
Welches ist Ihr Lieblingslied/-schlager/-Operettenmelodie?
Welches Lied würden Sie gerne einmal wieder singen?

# Heitere Gedächtnisspiele

14. Wortpaare
Wie lautet jeweils der zweite Teil des vorgegebenen Wortpaares:

*Beispiel: In Wind und ? (**Wetter**)*

    a)   In Schnee und ?

    b)   Ohne Rast und ?

    c)   Mit Sang und ?

    d)   In Saus und ?

    e)   Mit Pfeil und ?

    f)   Feuer und ?

    g)   Stadt und ?

    h)   Katz und ?

Schwierigkeitsgrad:

Lösungen:

a) Eis	b) Ruh'	c) Klang	d) Braus
e) Bogen	f) Flamme, Wasser	g) Land	h) Maus.

Trainiert werden:
- Assoziatives Erinnern
- Begriffsbeziehungen klären
- Kurzkonzentration
- Reproduktion
- Wortfindung
- Zusammenhangsdenken

Weiterführende Anregungen:
Worauf beziehen sich die einzelnen Redewendungen?
Was bedeuten sie?

d): *Diese Redewendung bezog sich auf das Brausen des Wassers und das Sausen des Windes, im übertragenen Sinne auf die überbordende Fröhlichkeit bei Gelagen. Sie bedeutet ein üppiges, verschwenderisches Leben führen.*

f): Bedeutet: *begeistert sein.*
Feuer und Wasser: *einen Gegensatz darstellen.*

h): *Jemanden hinhalten.*

Anmerkung: Einige Wortpaare stammen aus der Zeit der Stabreime. Stabreim oder Alliteration heißt die schon in sehr früher Zeit bekannte Art des Verses, der durch gleiche Anfangs-Mitlaute entsteht („Ohne Rast und Ruh'"). Im Gegensatz dazu später der Gleichklangvers („Mit Sang und Klang").
Welche Wortpaare sind genannt worden?

Biographisches Arbeiten:
Welche Redewendungen benutzen Sie persönlich?

© memo verlag, Stuttgart

 Heitere Gedächtnisspiele

15. Stecker

Eine Person oder Sache wird gesucht. Die gegebenen Hinweise deuten immer gezielter auf das Gesuchte hin.

**Ein spitzer Hut ich einstens war,
später ward ich zum Würfel gar.
Man fasst mich auch mit Zangen an,
man streut mich aus,
man löst mich dann.
Bald bin ich Staub, bald kristallisiert,
und oft genug nennt
man mich raffiniert.**

Lösung ?

© memo verlag, Stuttgart

Schwierigkeitsgrad:

Lösung: Der Zucker.

Trainiert werden:
- Assoziatives Erinnern
- Kombinieren
- Lösen von Fehldenken und fixen, festgefahrenen Gedankenverbindungen (Denkflexibilität)
- Merkfähigkeit
- Pendelnde Dauerkonzentration
- Ordnen von Gedanken
- Reproduktion
- Schlussfolgern
- Überlegen
- Wiedererkennen
- Wortfindung
- Zusammenhangsdenken

Weiterführende Hinweise:
Der Stecker sollte deutlich artikuliert und langsam vorgelesen werden. Nach jedem Hinweis setzt eine nicht zu lange Pause ein, bis der/die Trainierende das Fortfahren verlangt beispielsweise durch Nicken oder andere nonverbale Zeichen. Unter keinen Umständen darf die Lösung laut herausgerufen werden, da sonst die übrigen Teilnehmer nicht mehr zum Nachdenken kommen und ein Leistungsdruck entsteht, der unbedingt vermieden werden muss.
Was ist mit „Hut" gemeint? *Der Zuckerhut (Kegelförmiges Zuckerprodukt, Berg in Rio de Janeiro).*
Wozu wird ein Zuckerhut verwendet? *Für eine Feuerzangenbowle.*
Wie entsteht Staubzucker? *Durch Mahlen von Kristallzucker.*
Was bedeutet „raffiniert"? *Zucker wird raffiniert, also durch Reinigung, Trennung, Konzentration und Bleichen hergestellt.*
Woraus wird Zucker gewonnen? *Aus Zuckerrüben oder Zuckerrohr.*
Womit können Speisen sonst noch gesüßt werden?
Z. B. mit Honig, Süßstoff, Saft.
Was ist Ihre Lieblingssüßspeise?

© memo verlag, Stuttgart

Heitere Gedächtnisspiele

16. Gegensätze

Wie lauten jeweils die passenden Gegensätze zu

*Beispiel: leicht ? (**schwer**)*

krumm ?

voll ?

klar ?

kleinlich ?

arm ?

nah ?

hügelig ?

bunt ?

Schwierigkeitsgrad:

Lösungen:
gerade	leer	trüb	großzügig
reich	fern	eben/flach	einfarbig/uni

Trainiert werden:
- Assoziatives Denken
- Begriffe klären
- Begriffsbeziehungen aufzeigen
- Kurzkonzentration
- Reproduktion
- Vorstellungsvermögen
- Wortfindung
- Zusammenhangsdenken

Weiterführende Anregungen:
Welche Gegensätze wurden soeben genannt?
Welcher Gegenstand hier im Zimmer ist krumm / gerade; voll / leer; eben / flach; einfarbig usw.?
Zur Erleichterung der Begriffsbildung können Gegenstände mit den entsprechenden Eigenschaften (z. B. krummer Nagel, volles Glas ...) betrachtet und befühlt werden.
Was ist der Unterschied zwischen kleinlich und großzügig?
Ein kleinlicher Mensch achtet zu sehr auf Kleinigkeiten und verliert sich in ihnen. Ein großzügiger Mensch ist freigebig in Geldangelegenheiten und sieht über Unwichtiges hinweg, ist tolerant.

Biographisches Arbeiten:
Welche Hügellandschaft kennen Sie?
Wo ist die Landschaft flach?
Wo gefällt es Ihnen besser?
Welches ist der großzügigste Mensch, den Sie kennen?

© memo verlag, Stuttgart

 **Heitere Gedächtnisspiele**

17. Doppelsinn
Ein Wort für mehrere Begriffe.

Das gleiche Wort ist einmal:

**ein Blumengebinde,
eine ganze Schar von Komponisten,
eine altertümliche Streiterei und
ein Federnlieferant
(bisweilen steckt er den Kopf in den Sand).**

Wie lautet das gesuchte Wort?

Schwierigkeitsgrad:

Lösung: Strauß.
Ein **Strauß Blumen**. -
Die **Komponisten Strauß: Johann (Vater), Johann (Sohn),** *auch als „der Walzerkönig" bekannt (Geschichten aus dem Wienerwald, An der schönen blauen Donau, Wiener Blut usw.). Er komponierte auch 16 Operetten, wie z. B. „Die Fledermaus", „Der Zigeunerbaron",* **Eduard** und **Josef Strauß**, *Brüder von Johann Strauß (Sohn).* **Richard Strauss**, *Komponist und Dirigent aus München (Salome, Elektra).* -
„Einen Strauß ausfechten". - Der **Vogel Strauß**.

Trainiert werden:
- Assoziatives Denken
- Begriffe klären
- Konzentration
- Reproduktion
- Wortfindung

Weiterführende Hinweise:
Wieso steckt ein Vogel Strauß seinen Kopf in den Sand?
In Wirklichkeit steckt ein Strauß seinen Kopf nicht in den Sand, sondern hält als Unterwerfungshaltung den Kopf nach unten.
Was bedeutet der Begriff „Vogel-Strauß-Politik"?
Der Begriff beschreibt ein Verhalten, bei dem man die Gefahr einer Entscheidung nicht sehen will, vergleichbar mit jemandem, der seinen Kopf in den Sand steckt, um das, was auf ihn zukommt, nicht sehen zu müssen.

Biographisches Arbeiten:
Zu welchem Anlass haben Sie zuletzt Blumen geschenkt bekommen?
Wie sah der Strauß aus?

 # Heitere Gedächtnisspiele

18. Bildspiel - Überlegensfrage

Warum werden Igel häufiger überfahren als andere Tiere?

© memo verlag, Stuttgart

Schwierigkeitsgrad:

Lösung:
Dank seiner Stacheln (rund 16000) fühlt sich der Igel sicher. Er bleibt bei Gefahr am Platz und rollt sich zusammen. Anders als Fluchttiere (Hase, Reh, Huhn etc.), die bei Gefahr weglaufen.

Trainiert werden:
- Formulieren
- Kombinieren
- Konzentration
- Logisches Denken
- Ordnen von Gedanken
- Reproduktion
- Schlussfolgern
- Überlegen
- Visuelles Wahrnehmen
- Wiedererkennen
- Zusammenhangsdenken

Weiterführende Hinweise:
Bei dieser Aufgabe kommt es darauf an, die Neugierde zu wecken und Aha-Erlebnisse zu vermitteln („Aha - so ist das!").
Betrachten Sie zunächst genau die Abbildung.
Was ist darauf zu sehen?
Woraus bestehen wohl die Igelstacheln?
Aus umgebildeten Haaren, also aus Horn.
Hat ein Igel einen Schwanz?
Ja, er ist meist stummelförmig.
Wo leben Igel bei uns?
In Gärten, an Waldrändern, in Parkanlagen.
Warum sind Igel nützlich?
Sie sind Schädlingsvertilger, da sie Schnecken, Würmer und Insekten fressen.
Was wissen Sie noch über Igel?
Wann haben Sie das letzte Mal einen Igel gesehen?

© memo verlag, Stuttgart

 Heitere Gedächtnisspiele

19. Combi

Hier sind Ein-Wort-Antworten gesucht, die alle mit dem gleichen Buchstaben beginnen.

a) Wenn die Köchin verliebt ist, nimmt sie zuviel davon.

   Lösung ?

b) Als er dem Hans im Glück in den Brunnen fiel, fiel er ihm zugleich vom Herzen.

   Lösung ?

c) Wie heißen die dreizehn Wochen (das Vierteljahr) vor dem Herbst?

   Lösung ?

Schwierigkeitsgrad:

Lösung:
a) Salz
b) (Schleif)stein
c) Sommer

Trainiert werden:
- Assoziatives Erinnern
- Kombinieren
- Konzentration
- Überlegen
- Reproduktion
- Schlussfolgern
- Wortfindung
- Zusammenhangsdenken

Weiterführende Hinweise:
Diese Übung wird, wenn möglich, schriftlich durchgeführt. Auf diese Weise wird zusätzlich die Feinmotorik trainiert.
Warum nimmt die Köchin zu viel Salz, wenn sie verliebt ist?
Weil sie an ihren Liebsten denkt und nicht ans Kochen.
Was für ein Stein fällt Hans im Glück in den Brunnen?
Ein Schleifstein.
Wie kam Hans im Glück zu diesem Schleifstein und warum war er froh, dass er ihm in den Brunnen fiel?
Hans hatte nach sieben Jahren Dienst einen Klumpen Gold als Lohn erhalten, den er gegen ein Pferd, dieses gegen eine Kuh, diese gegen ein Schwein, dieses gegen eine Gans und diese gegen einen Schleifstein tauschte. Als er gar nichts mehr hatte, lief er unbeschwert nach Hause zur Mutter.
Wie lautet die Lehre, die man aus diesem Märchen ziehen könnte?

© memo verlag, Stuttgart

Heitere Gedächtnisspiele

20. Sprichwörter ergänzen

Gegeben ist der erste Teil eines Sprichwortes. Wie lautet der zweite Teil?

a) Früh übt sich - . . . ?

b) Eine Schwalbe - . . . ?

c) Wenn es dem Esel zu gut geht, - . . . ?

d) Viele Köche - . . . ?

Schwierigkeitsgrad:

Lösungen:
a) Früh übt sich, *was ein Meister werden will.*
b) Eine Schwalbe *macht noch keinen Sommer.*
c) Wenn es dem Esel zu gut geht, *geht er aufs Eis tanzen.*
d) Viele Köche *verderben den Brei.*

Trainiert werden:
- Assoziatives Erinnern
- Begriffsbeziehungen klären
- Formulieren
- Kombinieren
- Kurzkonzentration
- Reproduktion
- Wortfindung
- Zusammenhangsdenken

Weiterführende Anregungen:
Was bedeuten die einzelnen Sprichwörter?
b): *Dieses Sprichwort bedeutet, dass man ein erstes Zeichen für etwas Positives nicht überbewerten sollte, sondern erst abwarten muss, bis es tatsächlich eingetreten ist. Es bezieht sich auf eine Fabel Äsops, in der ein junger Mann sein ganzes Erbe vergeudet hat und im Frühling beim Anblick der ersten Schwalbe auch noch seinen Mantel verkauft, weshalb er in der Folge frieren muss.*
c): *Bedeutet, dass wenn man sich selbst überschätzt und sich an etwas zu Schwieriges wagt, man leicht zu Schaden kommt.*
d): *Diese Redensart bedeutet, dass oftmals nichts Gutes dabei herauskommt, wenn zu viele an einer Sache beteiligt sind.*
Welche Sprichwörter waren genannt worden?